Serie Ciclos de vida

El ciclo de vida del ÁRBOL

Bobbie Kalman y Kathryn Smithyman

Ilustraciones de Barbara Bedell

Crabtree Publishing Company

www.crabtreebooks.com

Serie Ciclos de vida

Un libro de Bobbie Kalman

Dedicado por Kathryn Smithyman
Para mamá y papá, que me ayudaron a echar raíces

Editora en jefe
Bobbie Kalman

Equipo de redacción
Bobbie Kalman
Kathryn Smithyman
Niki Walker

Editora
Amanda Bishop

Diseño de portada y página de título
Campbell Creative Services

Diseño por computadora
Margaret Amy Reiach

Coordinación de producción
Heather Fitzpatrick

Investigación fotográfica
Jaimie Nathan

Traducción
Servicios de traducción al español y de composición de textos suministrados por translations.com

Consultora
Patricia Loesche, Ph.D., Programa sobre el comportamiento de animales, Departamento de Psicología, University of Washington

Fotografías
Robert McCaw: páginas 13, 16 (pie de página), 17 (ambas), 25 (arriba a la derecha)
Marc Crabtree: página 26 (parte superior)
James Kamstra: página 27
Allen Blake Sheldon: página 18
Otras imágenes de Digital Stock, Digital Vision, Corbis Images y Adobe

Ilustraciones
Todas las ilustraciones son de Barbara Bedell, excepto las siguientes:
Margaret Amy Reiach: páginas 9 (izquierda), 14, 15 (arriba a la derecha), 18 (derecha), 20 (arriba a la izquierda), 29
Bonna Rouse: páginas 15 (pie de página a la derecha), 22, 29 (pie de página a la derecha), 31 (pie de página a la derecha)
Antoinette "Cookie" Bortolon: página 21 (arriba a la derecha), 22 (parte superior), 23 (cono y semillas)
Tiffany Wybouw: páginas 9 (parte superior), 23 (arriba a la derecha)

Crabtree Publishing Company
www.crabtreebooks.com 1-800-387-7650

Library of Congress Cataloging-in-Publication Data
Kalman, Bobbie, 1947-
[Life cycle of a tree. Spanish]
El ciclo de vida del un árbol / written by Bobbie Kalman & Kathryn Smithyman ; illustrated by Barbara Bedell.
p. cm. -- (Serie ciclos de vida)
Includes index.
ISBN-13: 978-0-7787-8665-8 (rlb : alk. paper)
ISBN-10: 0-7787-8665-X (rlb : alk. paper)
ISBN-13: 978-0-7787-8711-2 (pb : alk. paper)
ISBN-10: 0-7787-8711-7 (pb : alk. paper)
1. Trees--Juvenile literature 2. Trees--Life cycles--Juvenile literature I. Smithyman, Kathryn, 1961- II. Bedell, Barbara, ill. III. Title.
QK475.8K3618 2005
582.16--dc22
2005003808
LC

Publicado en los Estados Unidos
PMB16A
350 Fifth Ave.
Suite 3308
New York, NY
10118

Publicado en Canadá
616 Welland Ave.,
St. Catharines, Ontario
Canada
L2M 5V6

Publicado en el Reino Unido
73 Lime Walk
Headington
Oxford
OX3 7AD
United Kingdom

Publicado en Australia
386 Mt. Alexander Rd.,
Ascot Vale (Melbourne)
V1C 3032

Contenido

¿Qué son los árboles?

El árbol es un ser vivo. Es una planta grande. Al igual que todas las plantas, los árboles producen su propio alimento a partir de la luz, el aire y el agua. Hay árboles de muchas formas, colores y tamaños, pero todos tienen las mismas partes básicas.

Las partes del árbol

Todos los árboles tienen tronco, ramas, hojas y raíces. El tronco transporta agua y **nutrientes**, o comida, de las raíces a las ramas y hojas. También transporta el alimento producido por las hojas al resto del árbol. Las partes del árbol pueden tener diferente aspecto según la clase de árbol, pero todos tienen las mismas funciones.

*Las hojas **absorben**, o captan, la luz solar y producen alimento para el árbol.*

Las raíces mantienen al árbol firme en la tierra. También extraen agua y nutrientes del suelo para nutrir al árbol.

Dos tipos de árboles

Hay dos tipos principales de árboles: **coníferas** y **de hojas anchas**.

Las coníferas son árboles con hojas que parecen agujas. Se llaman coníferas porque producen conos leñosos. Los pinos, las piceas y los abetos son coníferas. Los árboles de hojas anchas tienen hojas amplias y planas con venas. Los manzanos, robles y arces son árboles de hojas anchas.

¿Dónde viven los árboles?

El **bosque tropical** es un hábitat exuberante. El aire cálido y húmedo ofrece las condiciones de crecimiento perfectas para muchas especies de árboles.

Los árboles crecen en casi todas partes del mundo, pero no pueden vivir en el extremo norte ni en la Antártica. Cada **especie** o tipo de árbol puede vivir solamente en ciertos **hábitats**. Un hábitat es un área que recibe una cantidad específica de luz solar y lluvia y tiene un cierto tipo de suelo. Los hábitats comprenden bosques, pantanos, laderas de montaña y desiertos.

Los árboles no crecen en los picos de las montañas altas. La temperatura es muy fría y no cae la lluvia suficiente.

Los cipreses crecen en los pantanos. Los neumatóforos, que son protuberancias leñosas de las raíces, les dan estabilidad y los ayudan a respirar.

La vida en el frío

Los árboles de hojas anchas mudan sus hojas en las regiones en las que los días de invierno son cortos y el clima es frío. A medida que se acerca el invierno, las hojas cambian de color y luego caen al suelo. La caída de las hojas les permite a los árboles ahorrar energía y evita que se sequen. Sin las hojas, los árboles están **durmientes** o inactivos hasta la primavera. Los árboles que mudan sus hojas durante una estación se llaman árboles **de hoja caduca**.

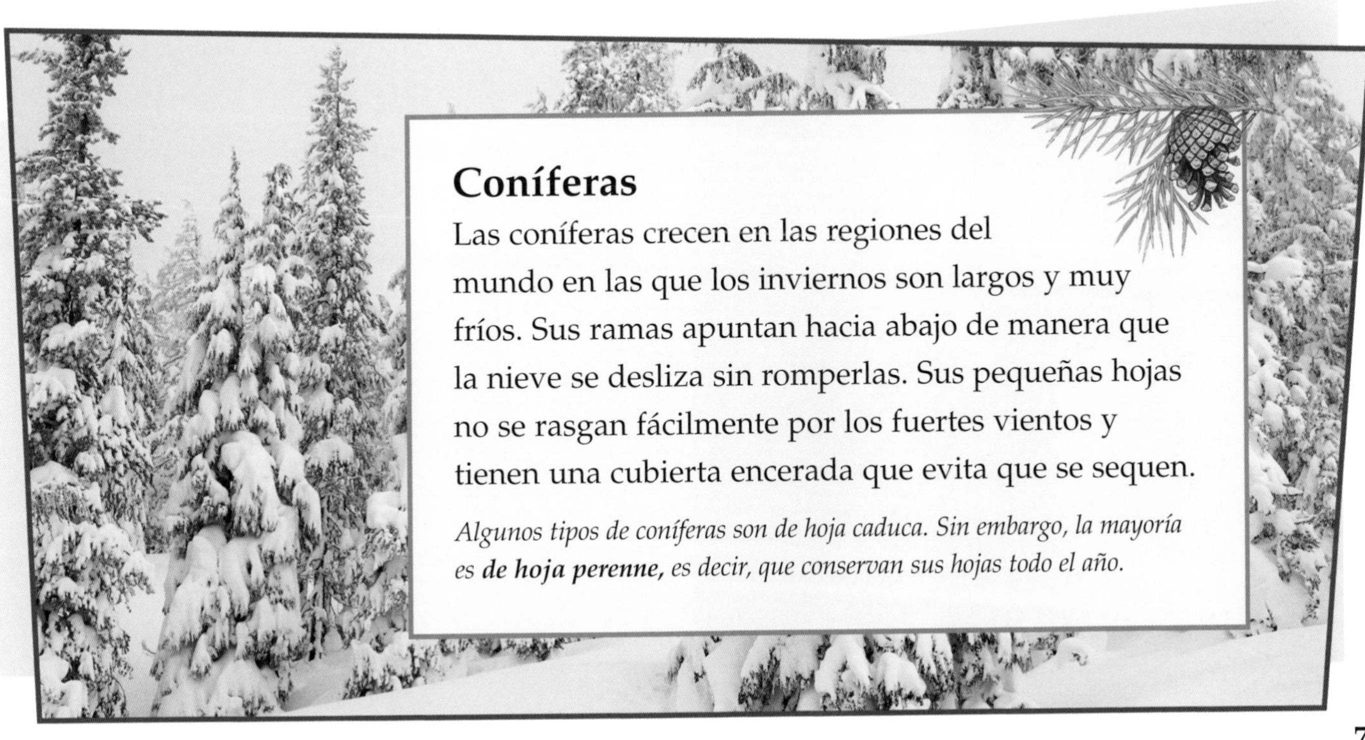

Coníferas

Las coníferas crecen en las regiones del mundo en las que los inviernos son largos y muy fríos. Sus ramas apuntan hacia abajo de manera que la nieve se desliza sin romperlas. Sus pequeñas hojas no se rasgan fácilmente por los fuertes vientos y tienen una cubierta encerada que evita que se sequen.

Algunos tipos de coníferas son de hoja caduca. Sin embargo, la mayoría es ***de hoja perenne,*** *es decir, que conservan sus hojas todo el año.*

¿Qué es un ciclo de vida?

Todos los seres vivos pasan por una serie de cambios llamados **ciclo de vida**. El árbol comienza su vida como una semilla. La semilla crece y cambia hasta que se convierte en un árbol adulto. Algunos árboles crecen más rápido que otros, pero todos necesitan varios años para **madurar**. Los árboles maduros pueden producir semillas. Cuando estas semillas germinan comienza un nuevo ciclo de vida.

Período de vida

El **período de vida** es el tiempo que un árbol vive. Muchos árboles viven durante varios cientos de años. Algunos, como la secuoya gigante de la izquierda, tienen períodos de vida de varios miles de años.

El ciclo de vida del árbol

El ciclo de vida del árbol comienza cuando una semilla **germina**, o comienza a crecer. Cuando a la semilla le crecen una raíz y un **tallo** pequeños se llama **plántula**. A medida que el tallo crece y se forman las hojas, la plántula se convierte en un **árbol joven**. El tallo del árbol joven comienza a tornarse leñoso y le siguen saliendo ramas y hojas. Al cabo de muchos años de crecimiento, el árbol joven se transforma en un árbol maduro. Cuando el árbol es maduro, puede formar semillas para producir más árboles.

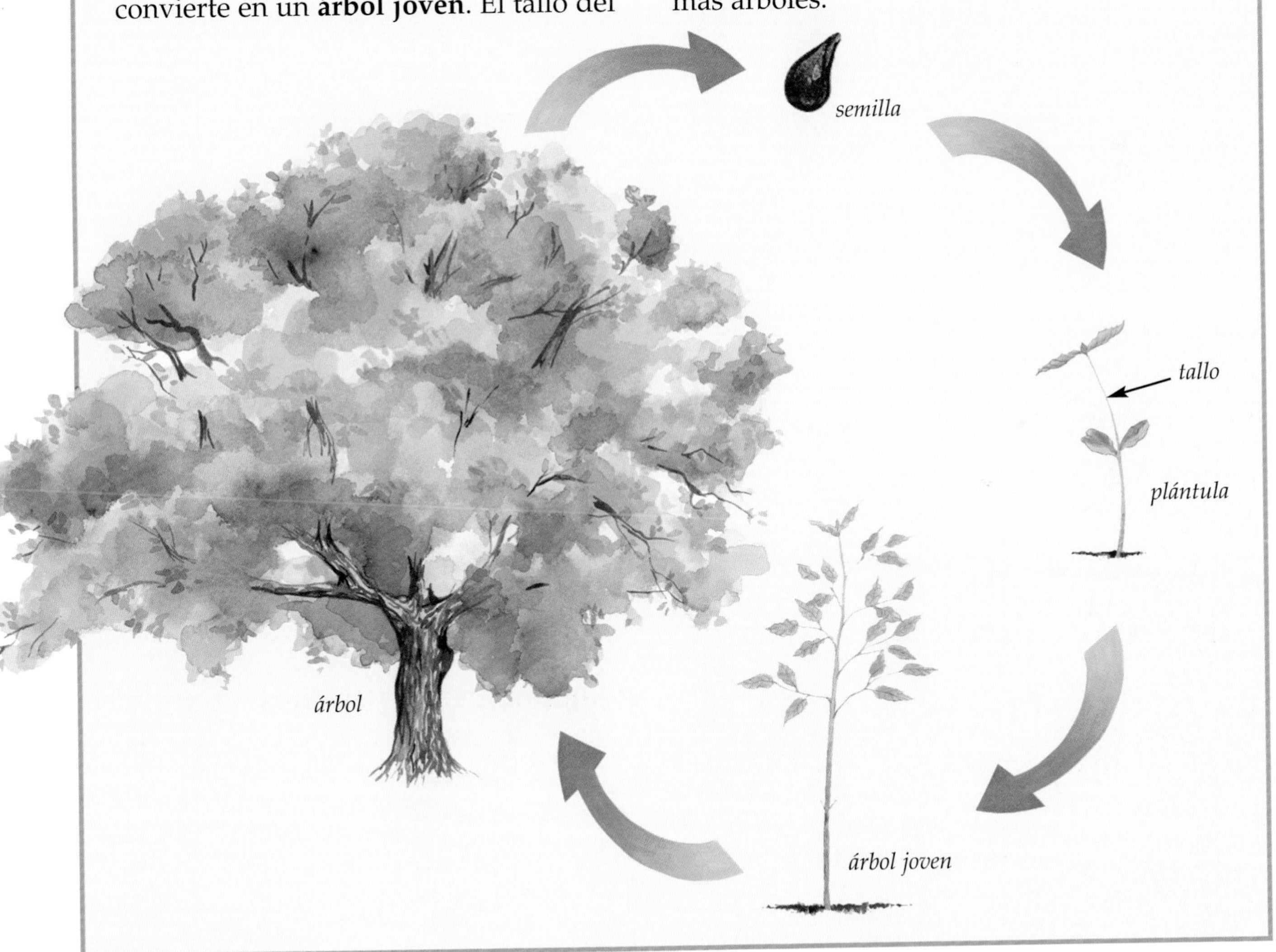

Crecer de una semilla

Independiente del tamaño que puedan alcanzar, todos los árboles comienzan su vida como semillas. La semilla contiene un **embrión**, o diminuto árbol amorfo. También contiene una reserva de comida de la que se alimenta el embrión hasta que puede comenzar a producir su propio alimento. Las semillas no siempre comienzan a crecer de inmediato.

Necesitan una cierta cantidad de calor y agua antes de comenzar a germinar. Las semillas permanecen durmientes hasta que encuentran las condiciones de crecimiento perfectas. Muchas semillas son lo suficientemente resistentes para sobrevivir durante los meses de **sequía** o clima frío. Algunas semillas pueden permanecer durmientes durante años.

Germinación

Cuando una semilla reúne las condiciones necesarias, comienza a absorber agua a través de un agujero diminuto en la **testa**. Así comienza la germinación. Según su tamaño, una semilla puede necesitar días o meses para terminar de germinar.

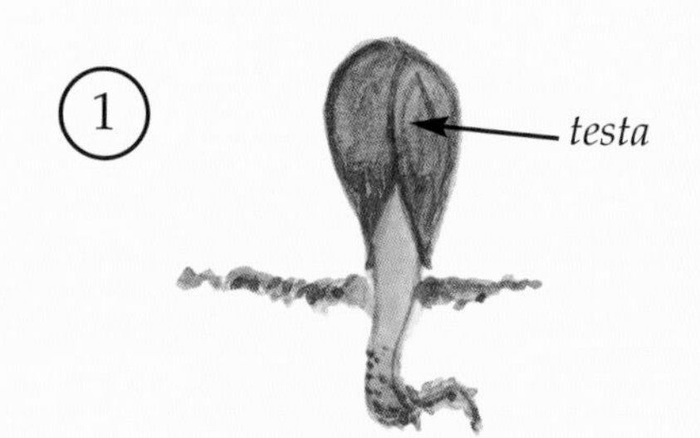

El pequeño embrión absorbe agua y se hincha hasta que rompe la dura testa.

2

radícula

La primera raíz del embrión, llamada **radícula**, sale a través de una grieta de la testa en dirección al suelo. La raíz diminuta mantiene a la semilla en crecimiento en su lugar. Crece hacia abajo para buscar agua y será la **raíz principal** del árbol por el resto de su vida.

El calor les viene bien

Los incendios ayudan a crear las condiciones necesarias para la germinación de algunas semillas. En los bosques en los que hay muy poco espacio y luz solar para que crezcan nuevas plantas, los incendios despejan el camino. Algunas semillas de coníferas permanecen selladas en sus conos hasta que el calor de un incendio las abre. Otras semillas necesitan el calor de un incendio para romper la testa.

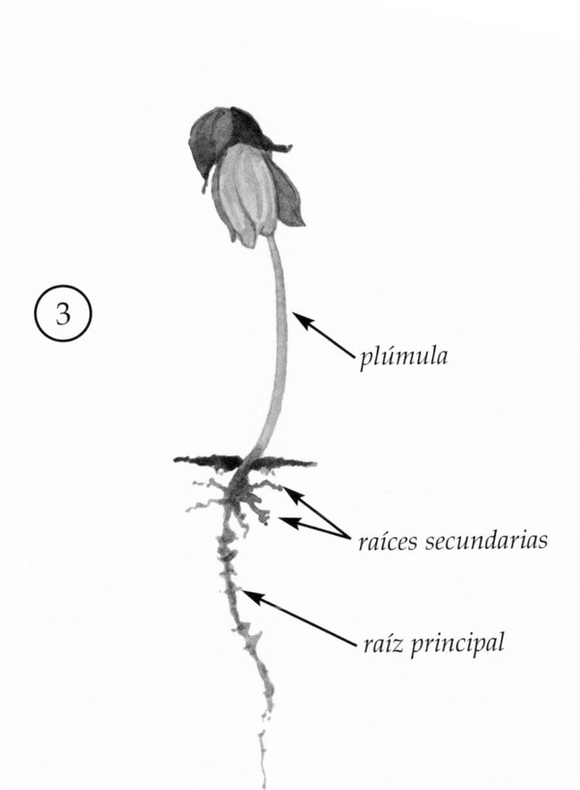

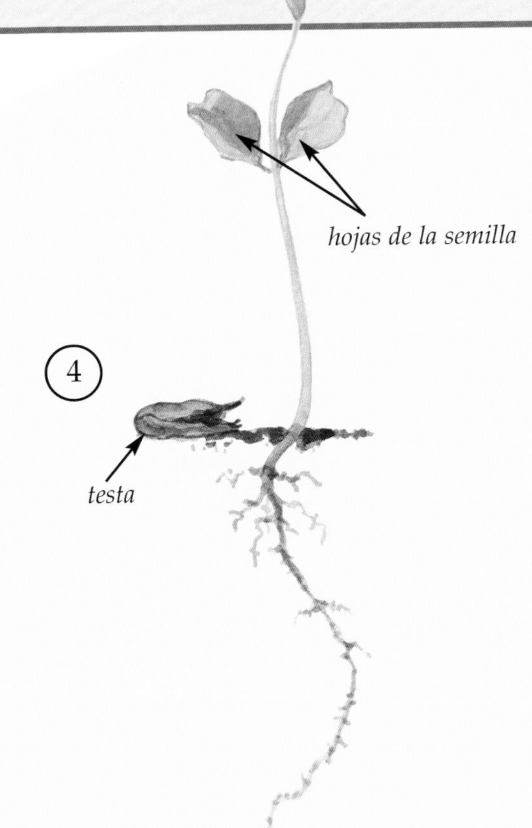

El primer **brote**, o planta joven, comienza a buscar el camino hacia la luz solar. El brote se llama **plúmula**. Algunas raíces que parecen pelos, llamadas **raíces secundarias**, salen de la raíz principal. Con el tiempo crecerán y se ramificarán para crear una red de raíces. Finalmente los **cotiledones** salen de la testa, la cual se desprende. Los cotiledones son cortos y gruesos y no se parecen a las hojas del árbol adulto. Contienen alimento que la planta diminuta usa para seguir creciendo.

De plántula a árbol joven

Después de que una semilla germina y se forman los cotiledones, el pequeño árbol se llama plántula. Gracias a la comida proveniente de los cotiledones, la plántula crece rápidamente. Al poco tiempo, un nuevo brote comienza a crecer entre los cotiledones. Este delgado tallo verde se convertirá en el tronco del árbol. Las primeras **hojas verdaderas** de la plántula le saldrán al tallo a las pocas semanas. Las hojas verdaderas tienen la misma forma que las de un árbol adulto, pero no son tan grandes.

Pequeña y verde

Durante el verano, la plántula crece en tamaño y grosor, y le salen más hojas al tallo. Cuando termina el verano, la plántula deja de crecer. Ahora mide casi un pie (30 cm). Comenzará a crecer de nuevo durante la siguiente primavera.

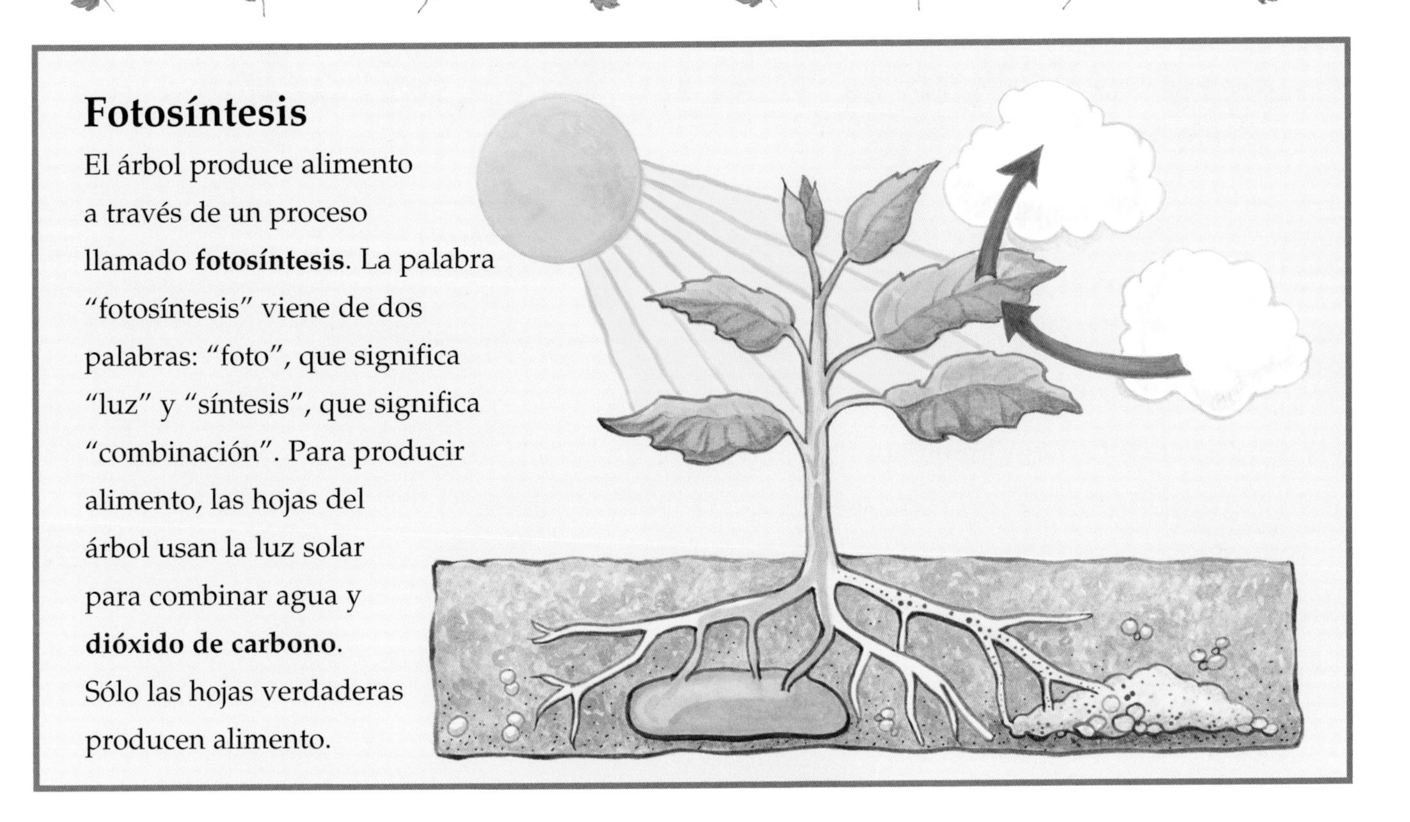

Fotosíntesis

El árbol produce alimento a través de un proceso llamado **fotosíntesis**. La palabra "fotosíntesis" viene de dos palabras: "foto", que significa "luz" y "síntesis", que significa "combinación". Para producir alimento, las hojas del árbol usan la luz solar para combinar agua y **dióxido de carbono**. Sólo las hojas verdaderas producen alimento.

No todas las plántulas llegan a ser árboles jóvenes. Esta plántula de abedul germinó en la grieta de una roca. Es posible que sus raíces no puedan extenderse lo suficiente para sostener al pequeño árbol.

En camino

Después de varios años de crecimiento, el arbolito parece una copia pequeña de su padre. Ahora se llama árbol joven. La mayoría de los árboles jóvenes tienen un altura de entre tres y seis pies y medio (entre uno y dos metros). Sus tallos gruesos y leñosos ayudan a sostener muchas ramas y hojas.

Hacia arriba y hacia los costados

El árbol joven crece la mayor parte del tiempo durante la primavera y el verano. Crece en dos direcciones: hacia arriba y hacia los costados. La longitud del tronco, las raíces y las ramas aumenta, de modo que el árbol es más alto y ancho. Las partes del árbol también aumentan de peso a medida que crecen. El tronco, las raíces y las ramas deben engrosar a medida que crecen para aguantar el peso del árbol.

Alto y ancho

Los cuatro pies superiores del suelo (1.2 m) contienen muchos nutrientes. Por eso las raíces permanecen en ese lugar. Al crecer, las raíces se extienden a lo ancho en vez de crecer hacia abajo, para formar una base amplia para el árbol. La base ancha ayuda a que el árbol se mantenga erguido al crecer.

Ramificaciones

De las ramas salen brotes cortos y delgados llamados **ramitas**. Cada primavera las ramitas crecen de yemas. Cada ramita tiene una **yema terminal** en la punta. El brote de la yema terminal crece para que la ramita sea más larga. La yema terminal también contiene hojas. Las **yemas axilares** crecen desde el costado de cada ramita y hacen que las ramitas se ramifiquen.

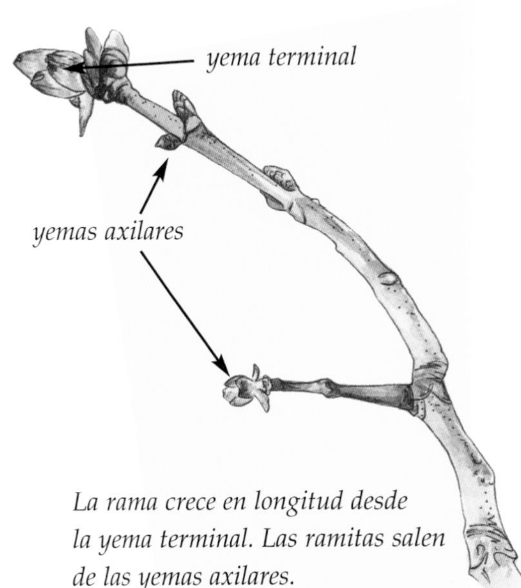

La rama crece en longitud desde la yema terminal. Las ramitas salen de las yemas axilares.

Coronación

La altura del árbol joven aumenta principalmente por crecimiento del extremo superior del tronco. Las ramas no crecen tan rápidamente como el tronco. Por eso, el árbol tiene una apariencia de cono. En general, las coníferas conservan esta forma, a diferencia de los árboles de hojas anchas. Cuando madura un árbol de hoja ancha, no aumenta mucho de altura, sino que le salen más ramas. Éstas aumentan en longitud y grosor, dándole a la **copa**, o parte superior del árbol, una forma más redondeada.

Todos los años, los árboles le agregan un nuevo anillo al tronco. Cada anillo está formado por una capa oscura y otra clara. La parte oscura se forma durante la primavera y la clara crece en el verano. Se puede saber la edad de un árbol por el número de anillos.

Árboles maduros

Un árbol está maduro cuando puede producir semillas. Los árboles producen flores que a su vez producen semillas. Hay flores de todos los tamaños, formas y colores.

La mayoría de los árboles de hojas anchas tienen **flores** coloridas. Otros tienen grupos de flores pequeñas. Muchos árboles, como el de la izquierda, tienen flores que parecen borlas.

Dentro de la flor

Las flores tienen partes especiales para producir semillas. Las flores de la mayoría de los árboles de hojas anchas contienen todas las partes en una estructura única. Las flores de la derecha tienen **estambres** que producen **polen**. En el interior, cada flor tiene pequeños **óvulos**, que necesitan del polen para convertirse en semillas. Algunos árboles de hojas anchas tienen dos tipos de flores. La flor macho produce el polen y la flor hembra contiene los óvulos.

Los estambres producen granos de polen pequeños y pegajosos.

*Los óvulos, que están ocultos en el **ovario** en la base del **pistilo**, producen las semillas.*

Para atrapar el polen, estas flores hembras de pino crecen hacia arriba en las ramas.

"Flores" coníferas

Al igual que algunos árboles de hoja ancha, la conífera madura produce flores macho y hembra. Cada flor macho produce polen y cada flor hembra está diseñada para atraparlo. Las flores coníferas tienen las mismas partes que las de los árboles de hoja ancha, pero no son flores verdaderas. Las flores verdaderas tienen los óvulos en el interior y las flores coníferas los tienen en el exterior.

Polinización

Una abeja vuela de flor en flor en búsqueda de néctar. Si toca los estambres de una flor, el polen se adhiere a su cuerpo. Cuando la abeja vuela hacia otra flor y se frota contra su pistilo, esa flor puede ser polinizada.

Las flores no pueden producir semillas hasta que se realiza la **polinización**, que es el transporte del polen de una flor a otra. Para que haya polinización, el polen debe ser del mismo tipo de árbol del de la flor a la que llega. El polen se distribuye de muchas maneras diferentes.

Atracción animal

Los árboles con flores son polinizados por animales que se trasladan de flor en flor. Estos animales se llaman **polinizadores**. Los polinizadores se ven atraídos por flores de colores vivos y aroma dulce que contienen un líquido azucarado llamado néctar. Los polinizadores se alimentan del **néctar**. Para llegar hasta el néctar frotan el cuerpo contra el polen de la flor. Los granos de polen se les pegan al cuerpo y se trasladan así a las otras flores que estos insectos visitan.

Tocando el viento

Tanto las coníferas como los árboles de hojas anchas que tienen flores que parecen borlas confían en que el viento distribuya su polen. Las flores polinizadas por el viento no son muy coloridas ni aromáticas porque no necesitan atraer a los animales. En su lugar, tienen una forma que permite que el viento barra fácilmente el polen de la flor macho y lo transporte hasta la flor hembra.

El polen de una de estas coníferas debe llegar hasta las flores hembras de otro árbol para que se produzca la polinización. Las flores de un mismo árbol no pueden polinizarse unas a otras.

Producir semillas

Cuando la flor se poliniza comienza a crecer una semilla en su interior. La flor atraviesa una serie de cambios a medida que la semilla crece. El ovario crece alrededor de la semilla y finalmente se convierte en una cubierta protectora llamada **fruto**. Esta página muestra cómo un ovario se convierte en manzana.

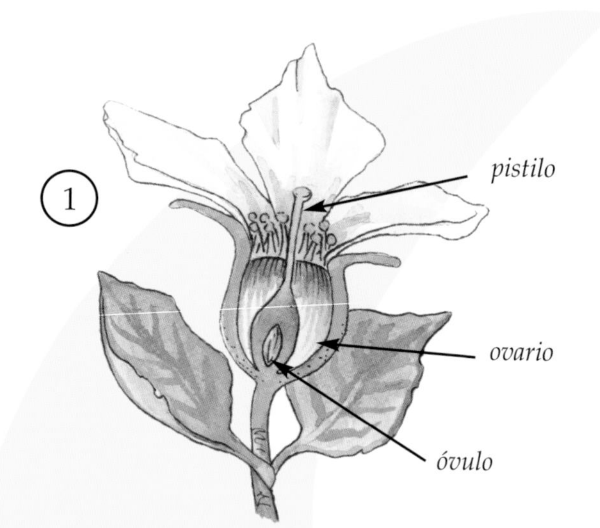

*Cuando el polen aterriza en la punta del pistilo se forma un tubo que crece hacia abajo hasta llegar al ovario. El polen viaja por el tubo hasta el ovario y **fecunda** los óvulos para que se conviertan en semillas.*

Los pétalos de la flor se caen y los estambres se marchitan. El ovario comienza a crecer a medida que las semillas se forman dentro del ovario.

El ovario continúa creciendo y ensanchándose para proteger a las semillas que crecen en el interior.

Esta parte de la manzana era el ovario.

Búsqueda del fruto

Cuando pensamos en frutos generalmente nos imaginamos alimentos suaves, jugosos y deliciosos. Sin embargo, no todos los frutos son jugosos y no todos se pueden comer. Los frutos son simplemente las partes de los árboles que contienen semillas. Algunos son las cubiertas duras de las semillas que llamamos nueces. Otros son vainas secas, como de papel, como en el caso de las alas de una semilla de arce.

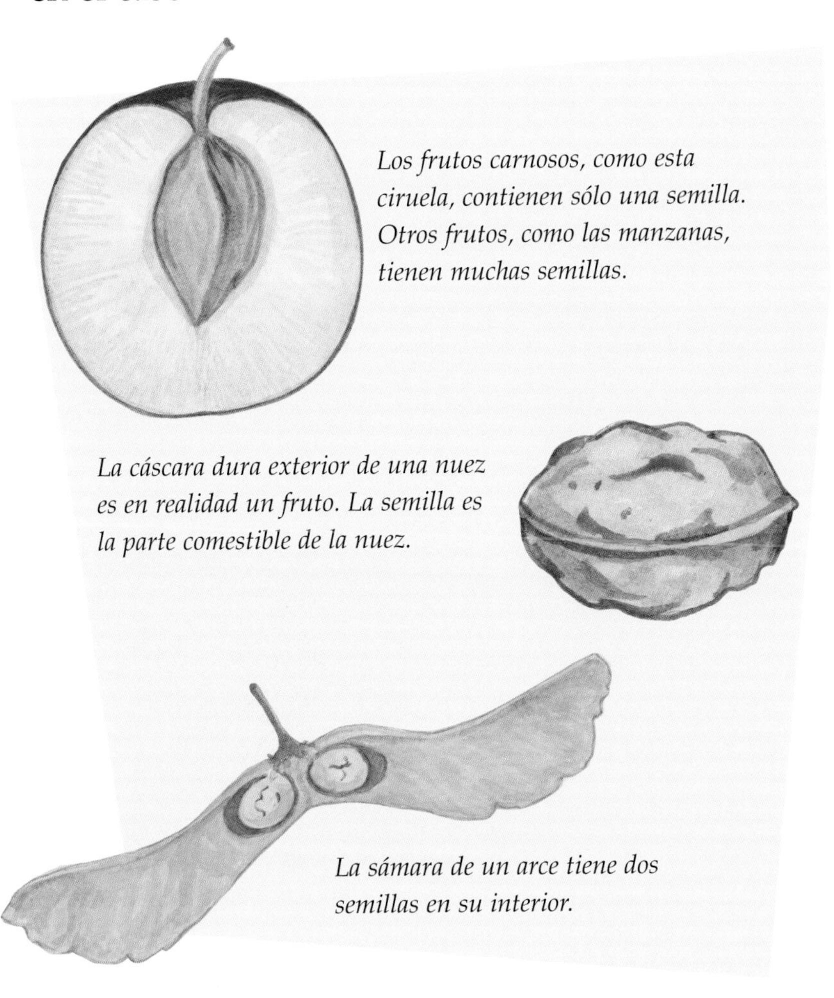

Los frutos carnosos, como esta ciruela, contienen sólo una semilla. Otros frutos, como las manzanas, tienen muchas semillas.

La cáscara dura exterior de una nuez es en realidad un fruto. La semilla es la parte comestible de la nuez.

La sámara de un arce tiene dos semillas en su interior.

A medida que las semillas crecen, las flores hembras de las coníferas se endurecen y se convierten en conos. Los conos de pino permanecen cerrados hasta que se forman las semillas.

A medida que se forman las semillas, el cono verde del pino se torna marrón y leñoso.

Cada semilla dentro del cono de un abeto de Douglas tiene un ala que sobresale del cono.

Semillas en acción

Cuando un pájaro, como este papagayo, come pequeños frutos, las semillas pasan por su cuerpo. Luego, las semillas se dispersan en sus desechos.

Algunos animales, como las ardillas, almacenan comida enterrando nueces. Si las nueces permanecen enterradas durante mucho tiempo, las semillas pueden echar raíces y crecer.

Las semillas deben llegar hasta el suelo para poder crecer. También necesitan luz solar para crecer después de que germinen. Las ramas de los árboles progenitores bloquean la luz solar y sus raíces absorben la mayor parte del agua y los nutrientes del suelo. Por ello las semillas deben alejarse de sus padres para tener más posibilidades de crecer. Este proceso de alejamiento se llama **dispersión**.

Frutos y nueces

Los animales que se comen los frutos y nueces dispersan las semillas. Cuando un animal se come un fruto, puede tragarse las semillas pequeñas. Las semillas que atraviesan el cuerpo del animal salen en los excrementos, a menudo muy lejos del árbol progenitor. Cuando la semilla llega al suelo, puede comenzar a germinar.

Lo que el viento se llevó

Algunos árboles de hojas anchas, como los arces, tienen semillas que se transportan por el viento. Cuando una semilla de arce está lista para crecer, la vaina seca se desprende del árbol. Las "alas" de la sámara del arce impiden que caiga directamente al suelo. La sámara revolotea en el viento hasta que finalmente cae. Algunas semillas de arce caen muy lejos de sus árboles progenitores.

Volar desde los conos

Si un cono madura y deja caer sus semillas cuando el viento no sopla, las semillas simplemente caerán en la tierra debajo del árbol progenitor, en donde no pueden crecer. Si los conos liberan sus semillas durante un día ventoso, las semillas pueden volar lejos del árbol progenitor para que puedan crecer.

En el bosque

En la naturaleza los árboles generalmente no viven solos. En las zonas alejadas de las ciudades, pueblos y granjas, los árboles crecen en bosques que albergan innumerables plantas y animales. Más de la mitad de todas las especies de plantas y animales del mundo viven en bosques.

Las criaturas del bosque dependen de los árboles, de las plantas y de sí mismos para sobrevivir. Se forman **cadenas alimentarias**. Algunos animales comen hojas, corteza, **savia**, flores y frutos de los árboles. Los animales también pueden servir de alimento para otras criaturas.

Reaprovisionamiento del bosque

Incluso después de morir, el árbol ayuda a otros seres vivos del bosque. El árbol muerto absorbe agua y se descompone lentamente, convirtiéndose en un lugar perfecto para el crecimiento de helechos, **hongos**, musgo y plántulas. Muchos insectos viven en el árbol en descomposición y las aves se alimentan de los insectos. Si un árbol muerto cae al suelo, a menudo se convierte en refugio de sapos, gusanos, salamandras, caracoles y escarabajos.

Creación de un bosque

Los bosques se crean lentamente durante cientos de años. Los primeros árboles que crecen son los que necesitan mucho espacio y luz solar. Estos árboles se llaman **pioneros**. Con el tiempo, las semillas de los árboles que se dan bien en la sombra echan raíces cerca de los pioneros. A medida que crecen más tipos de árboles, los animales comienzan a construir sus hogares en el bosque.

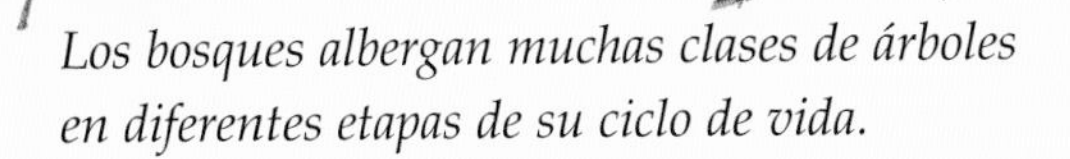

Los bosques albergan muchas clases de árboles en diferentes etapas de su ciclo de vida.

Peligros que corren los árboles

Los árboles enfrentan muchos peligros, como plagas de insectos, incendios forestales y enfermedades. Sin embargo, el mayor peligro lo representan los seres humanos.

Lluvia ácida

La **lluvia ácida** afecta regiones enormes de bosques en América del Norte y en ciertas partes de Europa. Se produce cuando la contaminación del aire proveniente de autos y fábricas se mezcla con las gotitas de agua de las nubes y luego cae en forma de lluvia o nieve. La lluvia ácida daña las hojas de los árboles y a menudo hace que se caigan. Sin hojas los árboles no pueden producir alimento y mueren. La lluvia ácida también envenena el suelo que rodea las raíces de los árboles. Los árboles viejos se dañan y los nuevos no pueden echar raíces.

Cuando vayas a acampar pregúntale al guardabosque si está permitido hacer fogatas. En climas secos es posible que estén prohibidas. Si se permite hacerlas, hazlas sólo en hoyos adecuados o en áreas designadas.

El escarabajo asiático de cuernos largos representa un peligro para los árboles de América del Norte. Llegó a América del Norte con productos que venían de Asia. No tiene ***depredadores*** *naturales aquí. Se come a los árboles, pero nadie se lo come a él.*

Bosques en desaparición

Los seres humanos han destruido más de la mitad de los bosques del mundo. Los bosques siguen desapareciendo. Cada segundo se tala un área del tamaño de una cancha de fútbol. En América del Norte sólo quedan unos pocos bosques **antiguos**. En América del Sur cada día se **talan** enormes áreas de bosque tropical para usar la tierra para la ganadería y la construcción. Cuando se tala un bosque, todos sus componentes se cortan o se queman, y sólo se usan algunos de los árboles. La pérdida de una gran área de bosque afecta el clima y la cantidad de lluvia en esa región e incluso en otras partes del mundo. La región puede convertirse en un desierto en el que las plantas y los animales ya no pueden vivir.

Algunas compañías de explotación forestal ahora usan la ***tala selectiva****. Sólo talan árboles maduros y dejan que los árboles jóvenes terminen de crecer. Otros también usan la* ***reforestación****. Plantan nuevos árboles, pero tiene que pasar mucho tiempo antes de que estos árboles crezcan. Además, el nuevo bosque no tiene la variedad de árboles que se encontraba en el bosque antiguo.*

¿Cómo nos ayudan los árboles?

¿Cuántas veces has usado hoy algo que proviene de los árboles? Los árboles nos brindan alimentos como frutos, nueces, cacao y jalea de arce. Muchos medicamentos importantes también provienen de los árboles. Incluso nos ayudan a respirar agregando **oxígeno** al aire y eliminando el dióxido de carbono.

Importantes para la Tierra

Los árboles protegen a las personas y los animales del sol y del viento. Sus raíces sostienen la capa superior del suelo para evitar la **erosión**, o sea el desgaste producido por el viento o el agua. Sus troncos, hojas y raíces almacenan agua y evitan que el suelo se seque. Los árboles ayudan a que la tierra que los rodea no se convierta en un desierto.

(izquierda) Las hojas caídas se descomponen y se transforman en un material suave y oscuro llamado ***humus****, que contiene muchos nutrientes necesarios para el crecimiento de las plantas.*

Cuanto más sepas sobre los árboles, más los podrás ayudar. Aprender sobre los árboles es el primer paso, pero puedes hacer mucho más.

Piensa en verde

Puedes ayudar a reducir la lluvia ácida si convences a tu familia de utilizar menos el auto. Camina, anda en bicicleta o usa el transporte público cada vez que puedas. Cuando tu familia necesite usar el coche puede hacer varios mandados a la vez.

Árbol familiar

Adopta un árbol. Planta un árbol en tu jardín o en un parque. Ponle nombre y obsérvalo crecer. También puedes recaudar dinero para adoptar parte de un bosque. Tu dinero ayudará a proteger cientos e incluso miles de árboles.

El papel es valiosísimo

Puedes hacer lo siguiente para disminuir la cantidad de papel que empleas:

- usar ambos lados del papel para escribir o imprimir
- usar pañuelos de tela
- reciclar papel, periódicos y cajas en tu casa
- comprar productos hechos de papel reciclado

¡Árboles sorprendentes!

Algunas secuoyas alcanzan a medir más de 300 pies (91 m) de alto y 18 pies (5.5 m) de ancho Se calcula que una de las secuoyas del Parque estatal de secuoyas de Prairie Creek en California tiene 12,000 años. ¡Ese sí que es un árbol viejo!

Los árboles son plantas sorprendentes. No es fácil imaginarse un mundo sin árboles. Algunos árboles llegan a ser gigantes ancianos. Otros viven en condiciones tan duras que es difícil creer que pueden sobrevivir. Muchos sobreviven **adaptándose** a los cambios del mundo. Algunos incluso echan nuevas ramas que ahuyentan a los insectos y animales que tratan de comérselos.

Investiga

Aprende sobre las actividades especiales de los árboles y realiza tu propia investigación. Haz calcos de la corteza de varios árboles para ver si son iguales. Sostén un trozo de papel contra el tronco de un árbol y frota un crayón en toda la página hasta que aparezcan los diseños. Compara los diseños de las cortezas de los árboles que estás investigando. Luego, dibuja las ramas de los mismos árboles. ¿En qué se diferencian? Elige un árbol y mídele el tronco en distintos momentos del mes. ¿Cambia de tamaño?

Se encogen y se hinchan

Los científicos han descubierto que los árboles se hinchan y se encogen de acuerdo con las fases de la luna, de una manera similar a la que la luna causa las mareas en los océanos.

Pasen la voz

Cuando las jirafas de la sabana africana se alimentan de las hojas de acacias, las hojas emiten una alerta al resto del árbol. A la media hora, todas las hojas de ese árbol, al igual que las de las acacias cercanas, segregan líquidos amargos llamados **taninos**. Las jirafas se ven forzadas a no comerlas y a trasladarse para buscar más comida.

Árboles sedientos

El árbol de baobab, que crece en África y en la parte norte de Australia, puede sostener hasta 200 galones (757 litros) de agua en el tronco.

Alimentarse de otros árboles

Hay tantos árboles en un bosque tropical que algunos han adoptado hábitos para ingresar en una región. El higo estrangulador que ves a la derecha es un árbol **parásito**. Si sus semillas aterrizan sobre otro árbol, llamado **huésped**, es capaz de germinar en él en vez de tener que llegar hasta el suelo. A medida que crece en la rama del huésped, las raíces del higo se enroscan lentamente alrededor del árbol en dirección a la tierra. Cuando el higo estrangulador llega al suelo, sus raíces y ramas rodean al huésped y finalmente lo matan.

Glosario

Nota: Es posible que las palabras en negrita que están definidas en el libro no aparezcan en el glosario.

adaptar Cambiar con el fin de estar mejor preparado para el medio ambiente

antiguo Bosque formado por árboles y plantas maduros

bosque tropical Cualquier bosque cercano al ecuador y que recibe mucha lluvia

cadena alimentaria Modelo de comer y servir de alimento; por ejemplo, una planta le sirve de alimento a un conejo, el cual luego le sirve de alimento a un zorro

depredador Animal que caza y se come a otros animales

dióxido de carbono Gas del aire compuesto por carbono y oxígeno

fecundar Agregar polen a un óvulo para formar una semilla

hongo Ser vivo parecido a una planta que se alimenta de plantas y animales muertos

néctar Líquido dulce que se encuentra en las flores

oxígeno Gas del aire que los seres humanos y los animales necesitan para respirar

parásito Planta o animal que vive y se alimenta de otro ser vivo

polen Sustancia de aspecto parecido al polvo que los estambres de las flores producen para crear nuevas flores

reforestación Proceso de plantar árboles para reemplazar bosques que han sido talados

savia Líquido acuoso que fluye dentro de las plantas

sequía Período extenso sin lluvia

1 2 3 4 5 6 7 8 9 0 Impreso en Canadá 4 3 2 1 0 9 8 7 6 5